Elena Malykhina

Kapitalerhöhung gegen Bareinlage - Kursreaktionen und institutioneller Rahmen

GRIN - Verlag für akademische Texte

Der GRIN Verlag mit Sitz in München und Ravensburg hat sich seit der Gründung im Jahr 1998 auf die Veröffentlichung akademischer Texte spezialisiert.

Die Verlagswebseite http://www.grin.com/ ist für Studenten, Hochschullehrer und andere Akademiker die ideale Plattform, ihre Fachaufsätze und Studien-, Seminar-, Diplom- oder Doktorarbeiten einem breiten Publikum zu präsentieren.

Dokument Nr. V58029 aus dem GRIN Verlagsprogramm

Elena Malykhina

Kapitalerhöhung gegen Bareinlage - Kursreaktionen und institutioneller Rahmen

GRIN Verlag

Bibliografische Information Der Deutschen Bibliothek: Die Deutsche
Bibliothek verzeichnet diese Publikation in der Deutschen Nationalbibliografie; detaillierte bibliografische Daten sind im Internet über http://dnb.ddb.de/ abrufbar.

1. Auflage 2005
Copyright © 2005 GRIN Verlag
http://www.grin.com/
Druck und Bindung: Books on Demand GmbH, Norderstedt Germany
ISBN 978-3-638-73607-7

Kapitalerhöhung gegen Bareinlagen – Kursreaktionen und institutioneller Rahmen

Unternehmensfinanzierung am Kapitalmarkt

Wintersemester 2005/2006

UNIVERSITÄT HOHENHEIM
INSTITUT FÜR BETRIEBSWIRTSCHAFTSLEHRE
LEHRSTUHL FÜR BANKWIRTSCHAFT UND FINANZDIENSTLEISTUNGEN

Elena Malykhina
Wirtschaftswissenschaften, 7. Fachsemester

Inhaltsverzeichnis

Abkürzungsverzeichnis......III
Abbildungsverzeichnis......V
Tabellenverzeichnis......VI
Verzeicnis der Anhänge......VII
Einleitung......1
1 Kapitalerhöhung gegen Bareinlagen......1
   1.1 Kapitalerhöhung gegen Bareinlagen nach deutschem Aktiengesetz......1
      1.1.1 Formen der Kapitalerhöhung......1
      1.1.2 Begebungsmethoden......2
         1.1.2.1 Bezugsrechtsemissionen (Bezugsrecht der Aktionäre)......2
         1.1.2.2 Kapitalerhöhungen mit Bezugsrechtsausschluss......3
   1.2 Kapitalerhöhung gegen Bareinlagen in den USA......4
2 Erklärungsansätze für die Marktreaktionen auf Kapitalerhöhungen......6
   2.1 Modigliani/Miller-Theorie zur Irrelevanz der Kapitalstruktur......6
   2.2. Signaling-Modelle......8
      2.2.1 Ansatz von Mayer/Majluf......8
         2.2.1.1 Annahmen und Ausgangssituation......9
         2.2.1.2 Emissions- und Marktwertbedingungen als Gleichgewichtsbedingungen......10
         2.2.1.3 Beurteilung......13
      2.2.2 Ansatz von Jensen......13
      2.2.3 Ansatz von Miller/Rock......14
      2.2.4 Ansatz von Ross......15
      2.3.5 Ansatz von Leland/Pyle......16
3 Empirische Überprüfung der Ankündigungseffekte anhand ausgewählter Kapitalmärkte...16
   3.1 Amerikanischer Kapitalmarkt......16
   3.2 Deutscher Kapitalmarkt......19
   3.3 Britischer Kapitalmarkt......21
   3.4 Weitere Kapitalmärkte......22
4 Fazit......23
Anhang 1......24
Anhang 1I......25
Literaturverzeichnis......29
Quellenverzeichnis......32

Abkürzungsverzeichnis

€	Euro
*** (**,*)	Signifikanzniveau des jeweiligen Testverfahrens 1% (5%, 10%), meist t-Test
Abs	Absatz
AktG	Aktiengesetz
AG	Aktiengesellschaft
$\tilde{A}$	Verteilung über den Wert der vorhandenen Projekte
a	Insiderkenntnis über den Wert der vorhandenen Projekte
AR	Abnormale Rendite (i.d.R. als Durchschnitt), determiniert durch das angegebene Intervall (üblich als kumulierte Zwei-Tages-Rendite), folglich immer eine kumulierte Rendite
§	Paragraf
$\tilde{B}$	Verteilung über den Kapitalwert einer Investition
b	Insiderkenntnis über den Kapitalwert der Investition
BRD	Bundesrepublik Deutschland
d.h.	Das heißt
E	Emissionsbetrag
I	Investitionsvolumen (= Volumen der Kapitalerhöhung)
i.V.m.	In Verbindung mit
k.A.	Keine Angaben
K_{-1}	Kurs der Aktien vor Kapitalerhöhung und Investition
K_0	Kurs der Aktien vor Kapitalerhöhung und Investition, bei deren Ankündigung
K_1	Kurs der Aktien nach Kapitalerhöhung und Investition
K_E	Emissionskurs der jungen Aktien
L	Kassenbestand (financial slack)
M_{EM}	Emissionsbereich
M_N	Nichtemissionsbereich
N	Anzahl
^{NS}	Nicht-signifikant
r	Eigenkapitalkostensatz der Unternehmung

^{s}	Signifikant ohne Angabe eines Niveaus
SEO	„Seasoned Equity Offering"
SEI	„Seasoned Equity Issue"
T[…]	Intervall in Tagen
V_{EM}	Innerer Wert der Altaktien bei Kapitalerhöhung und Investition in Abhängigkeit von der Umweltentwicklung
V_{KE}	Innerer Wert der Altaktien bei Verzicht auf Kapitalerhöhung und Investition in Abhängigkeit von der Umweltentwicklung
V_N	Innerer Wert der Altaktien bei Entscheidung zur Nichtemission
Vgl.	Vergleich
z.B.	Zum Beispiel

Abbildungsverzeichnis

Abb.		Seite
Abbildung 1:	Begebungsmethoden bei Kapitalerhöhungen (SEOs)	4
Abbildung 2:	Emissionen je Emissionsform in den USA zwischen 1950-1981	5
Abbildung 3:	Irrelevanz der Kapitalstruktur für die Höhe der durchschnittlichen Kapitalkosten und des Unternehmwerts	7
Abbildung 4:	Optimale Kapitalstruktur mit Steuern und erwarteten Konkurskosten	8
Abbildung 5:	Drei-Zeitpunktmodell von Mayer und Majluf	9
Abbildung 6:	Emissionsentscheidung bei Mayers und Majluf	11

Tabellenverzeichnis

Abb.		Seite
Tabelle 1:	Gegenüberstellung der Emissions- (M) und Nichtemissionsbereiche (M)	12
Tabelle 2:	Zweitägige abnormale Rendite auf Exchange Offers-Ankündigung in den USA	17
Tabelle 3:	Combination Primary-Secondary offerings of common stock in den USA	19
Tabelle 4:	Kursreaktionen bei Bezugsrechtsemissionen in der BRD	19
Tabelle 5:	Abnormale Renditen bei deutschen Unternehmen mit unterschiedlichen Kontrollstrukturen	20
Tabelle A1:	Emissionen je Emissionsform in den USA zwischen 1950-1981	24
Tabelle A2:	Common Stock	25
Tabelle A3:	Preferred Stock	26
Tabelle A4:	Primary Issues of Seasoned common stock, nonstandard flotation methods	27
Tabelle A5:	Abnormale Renditen auf Ankündigung der Barkapitalerhöhungen	28

Verzeichnis der Anhänge

Anh.		Seite
I	Emissionen je Emissionsform in den USA zwischen 1950-1981	24
II	Abnormale Renditen auf Ankündigung der Barkapitalerhöhungen	25

Einleitung

Die Ankündigung einer Kapitalerhöhung gegen Einlagen löst Veränderungen des Aktienkursniveaus des betreffenden Unternehmens aus. In diesem Zusammenhang wird von „Ankündigungseffekt" einer Aktienemission gesprochen. Auf dem amerikanischen Aktienmarkt wurde in allen bedeutenden Studien für freie Emissionen eine durchschnittlich negative Ankündigungsrendite ermittelt. Bei durchschnittlich einem Fünftel aller Ankündigungen wurde eine positive Kursreaktion beobachtet.[1] Empirische Studien zeigen, dass die einzelnen Emissionen sowohl positive als auch negative Kursreaktionen aufweisen. Die vorliegende Arbeit befasst sich mit der Frage, zu welchen Kursreaktionen die Kapitalerhöhung gegen Bareinlagen kommt und wie sie zu erklären sind.

Diese Arbeit verfolgt damit das Ziel, die Ursachen für unterschiedliche Ankündigungseffekte auf eine Kapitalerhöhung gegen Bareinlagen zu identifizieren. Gemäß dem Ziel ergibt sich folgender Aufbau der Arbeit. Im Kapitel 1 sollen die zurzeit gültigen institutionellen Rahmen für Kapitalerhöhung gegen Bareinlagen sowohl in Deutschland als auch in den USA behandelt werden. In Kapitel 2 werden die Erklärungsansätze für Kursreaktionen bei Aktienemissionen vorgestellt. Empirische Relevanz der Erklärungsansätze über Kursreaktionen wird im Kapitel 3 überprüft. Anschließend folgt die Zusammenfassung und Ausblick.

1 Kapitalerhöhung gegen Bareinlagen

1.1 Kapitalerhöhung gegen Bareinlagen nach deutschem Aktiengesetz

1.1.1 Formen der Kapitalerhöhung

Mit Kapitalerhöhung wird die Erhöhung des gezeichneten Kapitals (Grundkapital) von Aktiengesellschaften bezeichnet. Folgende Formen der Kapitalerhöhung liegen nach Aktiengesetz vor:
    1) *Ordentliche Kapitalerhöhung oder genehmigtes Kapital* (§§182-191, 202-206 AktG)

---

[1] Vgl. Knuth M. (1996), S.299.

Die neuen Aktien, die den Aktionären zum Bezug angeboten werden, können entweder aus einer Kapitalerhöhung gemäß § 182 AktG stammen oder aus einem genehmigten Kapital gemäß § 202 AktG.[2]

2) *Bedingte Kapitalerhöhung* (§§ 192-201 AktG)
Die effektive Ausgabe neuer Aktien hängt davon ab, inwieweit Bezugs- oder Umtauschrechte ausgeübt werden.[3]

Die genannten Formen der Kapitalerhöhung können in Form von Geldeinlagen (Barkapitalerhöhung) oder in Form von Sacheinlagen (Sachkapitalerhöhung) erfolgen. Die Bareinlage ist der deutlich häufigere Fall.[4]

1.1.2 Begebungsmethoden

1.1.2.1 Bezugsrechtsemissionen (Bezugsrecht der Aktionäre)

Kapitalerhöhung verändert wirtschaftliche und rechtliche Stellung der Aktionäre. Dabei steht den Aktionären ein gesetzlich verbrieftes Bezugsrecht zu. Das Bezugsrecht nach § 186 Abs. 1 Satz 1 AktG gewährt jedem Aktionär einen Anspruch, an einer Kapitalerhöhung gegen Einlagen in einem seiner bisherigen Beteiligungsquote entsprechenden Umfang teilzuhaben.[5] Das Bezugsrecht der Aktionäre hat zwei Funktionen. Zum einen soll das Recht ungewollte Stimmrechts- und Anteilsverschiebungen verhindern. Zum anderen gleicht das Recht den Vermögensnachteil aus. Vermögensnachteil entsteht, wenn neuen Aktionären junge Aktien zu einem Bezugskurs unterhalb des Börsenkurses der Altaktie angeboten werden.

Kapitalerhöhung kann durch Hauptversammlung oder bei ausreichendem genehmigten Kapital durch Vorstand und Aufsichtsrat beschlossen werden. Der Beschluss bedarf grundsätzlich einer Drei-Viertel-Kapitalmehrheit (§ 182 Abs. 1 Satz 1 AktG). *Zwingender* Inhalt des Beschlusses enthält die Festsetzung des Erhöhungsbetrags, die Art der auszugebenden Aktien und Bezugsverhältnis. *Fakultativer* Inhalt umfasst Ausgabebetrag und Bezugspreis, der Beginn der Gewinnberechtigung und die Festlegung der Durchführungs- bzw. Bezugsfristen. Nach der Neufassung von § 186 Abs. 2 Satz 2 AktG ist die Bekanntgabe des endgültigen Ausgabebetrags drei Tage vor Ablauf der Bezugsfrist ausreichend. Dadurch wird das Kursän-

---

[2] Vgl. Herfs A. (2005), S.133-137.
[3] Brakmann. H. (1993), S.29.
[4] Vgl., Schipporeit, E. (2001), S.461.
[5] Herfs A., hrsg. *Habersack/Mülberet/Schlitt* (2005), S.139-140, S.175.

derungsrisiko und damit der Abschlag auf den Börsenkurs verringert. Die Bezugsfrist muss mindestens zwei Wochen betragen (§ 186 Abs. 1 Satz 2 AktG).[6]

Bezugsrechtsemissionen werden in der Regel über die Einschaltung von Emissionsbanken abgewickelt. Diese zeichnen die Aktien mit der Verpflichtung, sie den Aktionären zum Bezug anzubieten. Die neue Fassung des § 186 Abs. 2 AktG ermöglicht ferner die Anwendung des *Bookbuilding*-Verfahrens bei Bezugsfestemissionen als Preisfindungsmethode. Dabei wird ein Preiswettbewerb zwischen den interessierten Anlegern vorausgesetzt. Allerdings ist die Obergrenze für den Bezugspreis unabhängig von der Nachfrage aus rechtlichen und wirtschaftlichen Gründen der Börsenkurs. Die meisten Bezugsrechtsemissionen sind tatsächlich auch nach Änderung des § 186 Abs. 2 AktG als Festpreisemissionen durchgeführt worden.[7]

1.1.2.2 Kapitalerhöhungen mit Bezugsrechtsausschluss

Der Bezugsrechtsausschluss ist bei Bar- und Sachkapitalerhöhungen möglich. Bei der *regulären* Kapitalerhöhung kann das Bezugsrecht durch Beschluss der Hauptversammlung mit einer Drei-Viertel-Kapitalmehrheit ausgeschlossen werden. Gemäß § 186 Abs. 3 Satz 4 AktG ist der Ausschluss des Bezugsrechts „insbesondere dann zulässig, wenn die Kapitalerhöhung gegen Bareinlagen zehn vom Hundert des Grundkapitals nicht übersteigt und der Ausgabebetrag den Börsenpreis nicht wesentlich unterschreitet." Die Kapitalgrenze von 10% bezieht sich auf die Höhe des im Zeitpunkt der Beschlussfassung vorhandenen Grundkapitals. Zum Grundkapital zählen auch zuvor ausgegebene Bezugsaktien (§202 AktG). Das Gesetz geht in diesen Fällen der Barkapitalerhöhung davon aus, dass weder ein Einflussverlust noch eine Wertverwässerung drohen. Die Wertverwässerung ist zu vernachlässigen, weil die Ausgabe der Aktien zu einem Preis nahe am Börsenkurs erfolgt. Einen Einflussverlust kann der Aktionär durch Nachkauf über die Börse vermeiden. Der Aktionär steht daher im Wesentlichen so, als habe er ein Bezugsrecht. Maßgeblich ist der vom Vorstand festgesetzte Ausgabebetrag unter Berücksichtigung des § 182 Abs. 3 AktG. Er darf den Börsenkurs nicht wesentlich unterschreiten. Als Referenzperiode sind in der Regel die fünf Börsenhandelstage unmittelbar vor Festsetzung des Ausgabebetrages oder Bezugspreises. Die Voraussetzungen des Bezugsrechtsausschlusses beim *genehmigten* Kapital entsprechen im Wesentlichen den Vorausset-

---

[6] Vgl. Herfs A., hrsg. *Habersack/Mülberet/Schlitt* (2005), S.144-164.
[7] Vgl. Herfs A., hrsg. *Habersack/Mülberet/Schlitt* (2005), S.134-136.

zungen bei der regulären Kapitalerhöhung (vgl. §203 Abs. 1 i.V.m. § 186 Abs. 3 und 4 AktG).[8]

1.2 Kapitalerhöhung gegen Bareinlagen in den USA

In englischsprachiger Literatur werden Kapitalerhöhungen gegen Bareinlagen als „Seasoned Equity Offerings" (SEOs) bezeichnet.[9] Abbildung 1 veranschaulicht vielfältige Begebungsmethoden bei Kapitalerhöhungen in den USA:

Abb. 1: Begebungsmethoden bei Kapitalerhöhungen (SEOs)
(CECH 2003, S. 13)

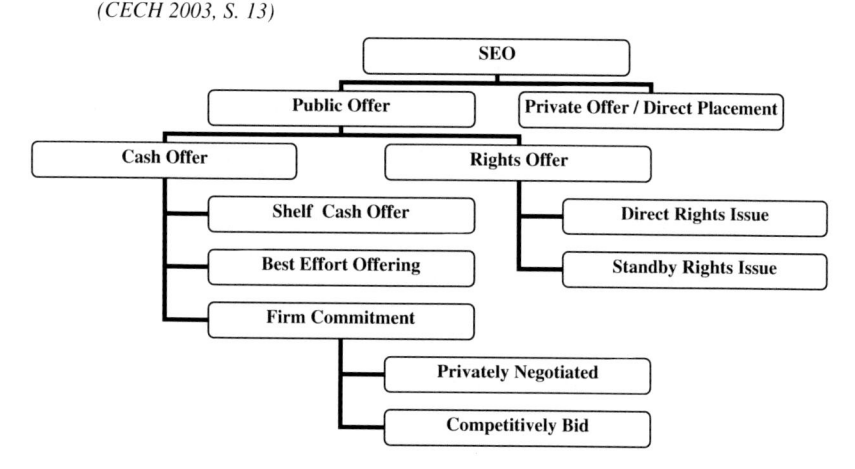

```
                              SEO
                  ┌────────────┴────────────┐
             Public Offer           Private Offer / Direct Placement
         ┌───────┴────────┐
    Cash Offer        Rights Offer
    ├─ Shelf Cash Offer          ├─ Direct Rights Issue
    ├─ Best Effort Offering      └─ Standby Rights Issue
    └─ Firm Commitment
            ├─ Privately Negotiated
            └─ Competitively Bid
```

Öffentliche Ausschreibung („Public Offering") und Privatplatzierung („Private Placement") stehen gegenüber. Bei öffentlicher Ausschreibung wird zwischen freier Emissionen (Cash Offer) und Bezugsrechtsemissionen unterschieden.

Formen der freien Emissionen sind Shelf Cash Offer, Best Effort Offering und Firm Commitment. *Shelf Cash Offers* („auf Vorrat") ermöglicht einem Emittenten, einen Basisprospekt wirksam erklären zu lassen. Der Basisprospekt legt die Art und den betragsmäßigen Maximalumfang der zu emittierenden Aktien fest. Der Emittent kann dann während der zwei aufeinander folgenden Jahre nach Wirksamkeitserklärung vom Basisprospekt gedeckte Wertpa-

---

[8] Vgl., Krause R., hrsg. *Habersack/Mülbert/Schlitt* (2005), S.176-196.
[9] Vgl. Thies, S., (2000), S.165.

piere in einer oder mehreren Transaktionen emittieren.[10] Bei „*Best Offer*" fungiert der Underwriter (Investmentbank) als ein Agent.[11] Der Unterwriter verkauft Aktien auf Rechnung des Emittenten, d.h. übernimmt die Distribution der Emission[12] und erhält eine Kommission für jede verkaufte Aktie. Bei *Firm Commitment* übernimmt der Underwriter Emission zu Fixpreis und verkauft an Endanleger weiter.[13] Der Underwriter kann dem Emittenten den Gegenwert der gesamten Emission garantieren und übernimmt dabei das Risiko der Fehlplatzierung durch die vollständige Übernahme der Emission. Hier wird im Hinblick auf die Festlegung der Emissionskonditionen zwischen dem „Competetive Bid" (Kontraktvorabspezifikation durch Emittent) und dem „Negotiated Underwritting" (Konditionsfestsetzung durch Underwriter) unterschieden.[14]

Bezugsrechtsemissionen („Rights Offers") werden grundsätzlich in Emissionen ohne Underwriter („Direct Rights") und mit Underwriter („Rights with Standby Underwriter") klassifiziert. Beide Formen statten die bisherigen Aktionäre mit einem Bezugsrecht auf neue Aktien entsprechend dem Aktienanteil aus. Der Bezugskurs wird zum Teil deutlich unter dem aktuellen Marktpreis angesetzt. Die Altaktionäre realisieren entweder den Verkauf der Bezugsrechte am Sekundärmarkt oder durch den Bezug neuer Aktien den Wert des Bezugsrechts.[15]

Abb. 2: Emissionen je Emissionsform in den USA zwischen 1950-1981
(ECKBO/MASULIS 1995, S.1029)

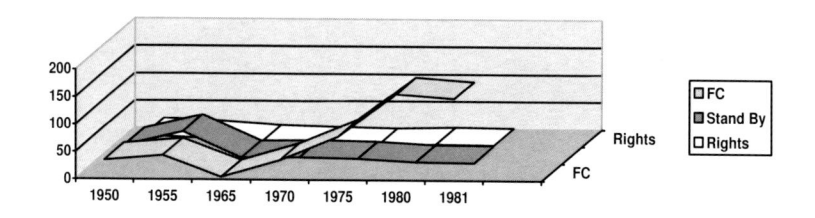

In Abbildung 2 werden die Kapitalerhöhungen gegen Bareinlagen (SEOs) in den USA, die nach Emissionsform im Zeitraum zwischen 1950-1981 klassifiziert sind, dargestellt. Die Bezugsrechtsemissionen spielen in den USA nur eine unbedeutende, seit Beginn der achtziger

---

[10] Vgl. Werlen T., hrsg. *Habersack/Mülberet/Schlitt* (2005), S.926.
[11] Vgl. Cech C. (2003), S. 13.
[12] Vgl. Thies, *S.* (2000), S.170.
[13] Vgl. Cech C. (2003), S. 12-13.
[14] Vgl. Thies, S., (2000), S.170-171.
[15] Thies, S.(2000), S.170

Jahre praktisch gar keine, Rolle mehr. Die freie Emission („Cash Offer") hat mit über 80% aller Emissionen eine wesentlich größere Bedeutung als die in Europa und in BRD typische Bezugsrechtsemissionen. Allerdings zeigt sich, dass trotz des inzwischen erleichterten Ausschlusses nach § 186 Abs. 3, Satz 4 AktG in der BRD die Mehrzahl der Emissionen weiterhin mit einem Bezugsrecht verknüpft ist.[16]

2 Erklärungsansätze für die Marktreaktionen auf Kapitalerhöhungen

2.1 Modigliani/Miller-Theorie zur Irrelevanz der Kapitalstruktur

Modigliani/Miller (1958) zeigen unter der Annahme friktionsloser Kapitalmärkte (keine Steuern, keine Transaktionskosten), dass alle Finanzierungsentscheidungen des Unternehmens für den Unternehmenswert irrelevant sind.[17] Sie gehen von einem gegebenen Investitionsprogramm und einer konstanten Diskontierungsrate für das Gesamtkapital des Unternehmens aus, die ausschließlich durch das leistungswirtschaftliche Risiko des Unternehmens determiniert wird. Ausgehend von einem rein eigenfinanzierten Unternehmen hat eine Erhöhung des Verschuldungsgrades zwar die Substitution „teuren" Eigenkapitals durch „günstiges" Fremdkapital zur Folge. Die Substitution tritt auf, wenn die Fremdkapitalkosten die Gesamtkapitalkosten unterschreiten. Unter der Voraussetzung, dass die Fremdkapitalkosten eine konstante, verschuldungsunabhängige Größe darstellen, steigen die Eigenkapitalkosten linear mit dem Verschuldungsgrad. Die Gesamtkapitalkosten und damit der Unternehmenswert bleiben unverändert. Folgende Abbildung verdeutlicht diesen Sachverhalt.[18]

---

[16] Vgl., Thies, S.(2000), S.171-172.
[17] Trautmann, S., Ehrenberg O.(1996), S.2-3.
[18] Prüher, M.(2000), S. 37.

Abb. 3: Irrelevanz der Kapitalstruktur für die Höhe der durchschnittlichen Kapitalkosten und des Unternehmwerts
(THIES 2000, S. 61)

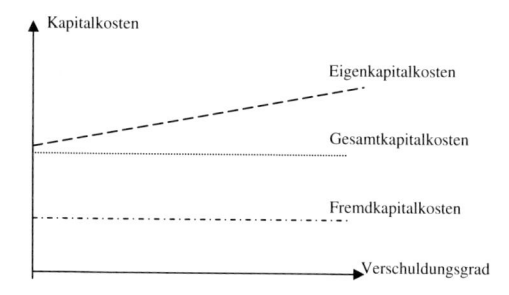

```
  Kapitalkosten
  ▲
  │                                    Eigenkapitalkosten
  │                        ─ ─ ─ ─ ─ ─
  │            ─ ─ ─ ─ ─ ─
  │  ─ ─ ─ ─ ─
  │··········································  Gesamtkapitalkosten
  │
  │            Fremdkapitalkosten
  │─·─·─·─·─·─·─·─·─·─·─·─·─·─·─·─·─
  │
  │                                   ▶ Verschuldungsgrad
  └──────────────────────────────────
```

These von der Irrelevanz der Kapitalstruktur hängt von der sehr restriktiven Annahme eines vollkommenen Kapitalmarktes ab. Sie beruht entscheidend auf der Annahme, dass der Wert des insgesamt unter den Kapitalgebern zu verteilenden Unternehmensvermögens unabhängig von dessen Verschuldungsgrad ist. Diese Annahme trifft nicht mehr zu, wenn Kapitalmarktunvollkommenheiten, wie Existenz von Steuern und Konkurskosten, in die Analyse miteinbezogen werden. In diesem Fall treten neben den Eigen- und Fremdkapitalgeber weitere Parteien, die einen Anspruch auf einen Teil des Unternehmensvermögens erheben. Bezüglich des Anspruchs des Fiskus auf Steuerzahlungen ist zu berücksichtigen, dass gezahlte Fremdkapitalzinsen den steuerpflichtigen Gewinn mindern und die zwingenden Zahlungen an den Fiskus verringern. Mit zunehmender Verschuldung steigt der Barwert künftiger Steuerersparnisse und damit der Marktwert des Unternehmens, bis er bei vollständiger Verschuldung sein Maximum erreicht. Der Marktwert wird als Barwert der Zahlungen an die Kapitalgeber gemessen. Das Modell lässt unberücksichtigt, dass Zinszahlungen an die Gläubiger kontraktbestimmt sind und unabhängig von der Höhe der Investitionsrückflüsse anfallen. Reichen in einer Periode die Investitionsrückflüsse nicht aus, um die Forderungen der Gläubiger in der vereinbarten Höhe zu erfüllen, tritt der Konkursfall ein. Die Kontrolle über das Unternehmen geht in diesem Fall an die Gläubiger über. Im Annahmekatalog von Modigliani/Miller (1958) erfolgt ein solcher Kontrollwechsel ohne Reibungsverluste. In der Realität hingegen fallen Kosten im Zusammenhang mit dem Insolvenzverfahren an. Die Kosten des Insolvenzverfahrens können erheblich sein."[19]

---

[19] Vgl., Prüher, M.(2000), S. 39.

Existenz von Steuern und Konkurskosten bewirkt, dass die Wahl der Kapitalstruktur eines Unternehmen zu überlegen ist. Ausgehend von einem rein eigenfinanzierten Unternehmen nimmt der Barwert der Steuerersparnisse mit der Verschuldung zu, während der Barwert der Konkurskosten bei niedriger Verschuldung noch vernachlässigbar gering ist. Mit zunehmender Verschuldung steigt die Wahrscheinlichkeit, dass die pro Periode zu zahlenden Fremdkapitalzinsen die erwirtschafteten Investitionsrückflüsse übersteigen. Dies hat zur Folge, dass das Unternehmen zum einen das Steuerersparnispotenzial nicht vollständig ausnutzen kann. Zum anderen tritt der Konkursfall ein und fallen Konkurskosten an. Wenn der Barwert der marginalen Steuerersparnisse einer zusätzlichen Einheit Fremdkapital gerade dem Barwert der marginalen Konkurskosten dieser zusätzlichen Einheit Fremdkapital entspricht, wird ein theoretisch optimaler Verschuldungsgrad erreicht. An dieser Stelle ist der Unternehmenswert maximal.[20] Abbildung 4 verdeutlicht diese Überlegungen.

Abb.4: Optimale Kapitalstruktur mit Steuern und erwarteten Konkurskosten (THIES 2000, S. 65)

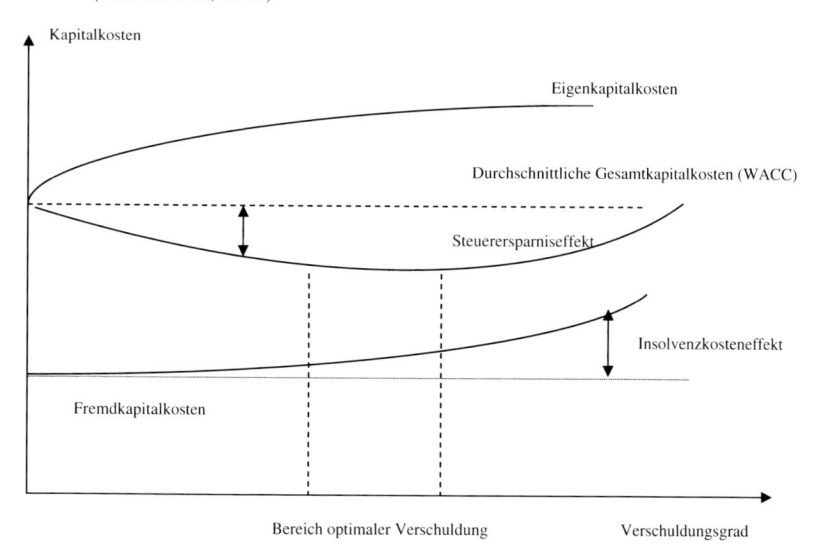

2.2 Signaling-Modelle

2.2.1 Ansatz von Mayers/Majluf

---

[20] Vgl., Prüher, M(2000), S. 40.

2.2.1.1 Annahmen und Ausgangssituation

Nach Mayers/Majluf (1984) wird durch Investitions- und Emissionsentscheidungen ein Signal über den wahren Wert des Unternehmens an den Markt gegeben.[21] Mayers und Majluf entwickelten das Drei-Zeitpunkt-Model (Abb. 5) unter den folgenden Prämissen:[22]:

Abb. 5: Drei-Zeitpunktmodell von Mayer und Majluf
(Eigene Darstellung)

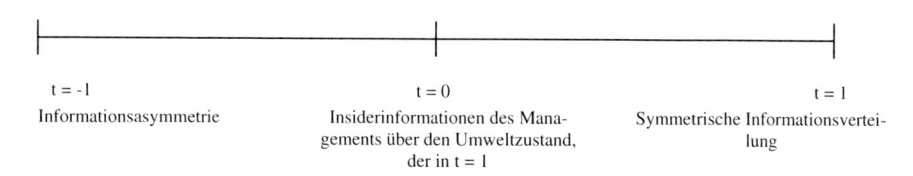

|---|---|---|
| t = -1 | t = 0 | t = 1 |
| Informationsasymmetrie | Insiderinformationen des Managements über den Umweltzustand, der in t = 1 | Symmetrische Informationsverteilung |

Im Zeitpunkt t = -1:
- Informationsasymmetrie über die Wahrscheinlichkeitsverteilung der möglichen Werte einer bestehenden Anlage $\tilde{A}$ und des nichtnegativen Kapitalwertes eines Investitionsprojekts $\tilde{B}$.
- Kassenbestand L als weiterer Vermögensposten des Unternehmens.

Im Zeitpunkt t = 0:
- Insiderinformation des Managements über den inneren Wert der Altaktien, der vom Kurs der Aktie abweichen kann.
- Modifizierung der Erwartungswerte über den Wert der bestehenden Anlage und des Projekts durch die tatsächlichen Werte (a, b) aufseiten des Managements.
- Investitionsbetrag I zur Finanzierung des Projektes, der jedoch nicht vollständig als Kassenbestand L vorhanden ist (0<L<I), sodass eine Emission über den Betrag E=I-L erforderlich ist.
- Passives Verhalten der Altaktionäre: Sie nehmen weder an der Kapitalerhöhung teil noch schichten sie ihr Portefeuille um, obwohl liquide Mittel in illiquide Vermögenswerte transformiert wurden.
- Handeln des Managements im Interesse der Aktionäre mit dem Ziel, den (diskontierten) Marktwert in t = 1 zu maximieren. Marktwert des Unternehmens ergibt sich aus

---

[21] Gebhard G., Entrup U. (1993), S.8.
[22] Vgl., Knuth M..(1996), S.299-300.

neuen Informationen der Werte a und b, dem Bestand an liquiden Mitteln sowie der Kenntnis über die Emissions- /Investitionsentscheidung.

Im Zeitpunkt t = 1:
- Symmetrische Informationsverteilung über den Wert der Aktien. Der Kurs und innerer Wert der Altaktie stimmen überein.

2.2.1.2 Emissions- und Marktwertbedingung als Gleichgewichtsbedingungen

Im Modell wird zuerst gezeigt, wann eine Emission/Investition erfolgt. Das Management handelt im Interesse der passiven Altaktionäre. Das zwingt das Management mindestens auf das Übereinstimmen des inneren Wertes der Altaktien bei Ankündigung einer Aktienemission (V_{EM}) mit dem inneren Wert der Altaktien bei Entscheidung zur Nichtemission (V_N) zu achten. Durch Verzicht auf die Investitionsmöglichkeit und damit auf Aktienemission ergibt sich der innere Wert der Altaktien[23]:

$$V_N = L + a \qquad (1)$$

Im Falle einer Annahme des Projekts in Verbindung mit einer Aktienemission in Höhe von E=I-L verringert sich der Anteil der Altaktien am gesamten Aktienvolumen infolge der Passivität der Altaktionäre. Der innere Wert der Altaktien lässt sich wie folgt berechnen:

$$V_{Em} = \left(\frac{K_0}{K_0 + E}\right) \times (E + L + a + b) \qquad (2)$$

Die erste Gleichgewichtsbedingung des Modells lautet:

$$V_{Em} = \left(\frac{K_0}{K_0 + E}\right) \times (E + L + a + b) \geq L + a = V_N \qquad (3)$$

Das Umformen der Ungleichung (3) resultiert:

$$\left(\frac{E}{K_0 + E}\right) \times (L + a) \leq \left(\frac{K_0}{K_0 + E}\right) \times (E + b) \qquad (4)$$

---

[23] Vgl. Knuth M. (1996), S.301.

Gemäß Ungleichung (4) ist die Emission im Interesse der passiven Altaktionäre dann sinnvoll, wenn diese am Zuwachs des Unternehmenswertes mindestens genauso partizipieren wie die Neuaktionäre an der bereits vorhandenen Anlage und den liquiden Mitteln. Eine weitere Umformung von (4) und Auflösen nach b führt zu:

$$b = \left(\frac{E}{K_0}\right) \times a + \left[\frac{E \times (L - K_0)}{K_0}\right] \qquad (5)$$

Die Gleichung (5) kann als *Indifferenzgerade* aufgefasst werden. Die Indifferenzgerade umfasst den geometrischen Ort aller Punkte (a, b) und impliziert Indifferenz seitens des Managements gegenüber den Alternativen „Emission und Projekt" sowie „Nichtemission und kein Projekt". Darüber hinaus teilt sie den ersten Quadranten in den oberhalb der Geraden liegenden Emissionsbereich M_{EM} und den unterhalb der Geraden liegenden Nichtemissionsbereich M_N. Abbildung 6 stellt den beschriebenen Sachverhalt dar[24]:

Abb. 6: Emissionsentscheidung bei Mayers und Majluf
(KNUTH 1996, S.301)

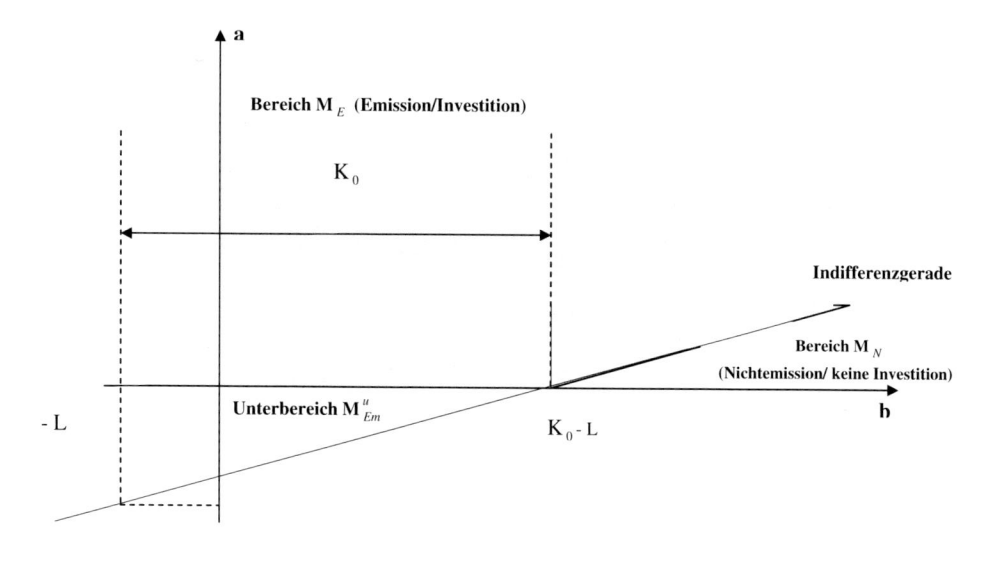

[24] Vgl. Knuth M. (1996), S.302.

Ein im Interesse der Alt-Aktionäre handelndes Management wird eine Investitionsmöglichkeit mit positivem Kapitalwert durch eine Eigenkapitalemission finanzieren wollen, wenn das Unternehmen überbewertet ist. Die Ankündigung einer solchen Emission sollte eine negative Kursreaktion auslösen. Der Verzicht auf eine solche Eigenkapitalemission und auf die Investitionsmöglichkeit wäre dagegen als positives Signal zu interpretieren.[25] Tabelle 1 bietet eine kurze Zusammenfassung der Emissions- und Nichtemissionsbereiche im Model von Mayers und Majluf.

Tabelle 1: Gegenüberstellung der Emissions- (M) und Nichtemissionsbereiche (M) (Eigene Darstellung)

	Emissionsbereich M_{EM}	Nichtemissionsbereich M_N
Charakteristika	Projektdurchführung mit positiven Kapitalwerten	Verwerfen der Projekte mit positiven Kapitalwerten
	Überbewertung vorhandener Anlage: $a + L < K_0$	Unterbewertung des Unternehmens: $a + L > K_0$
Begründung	Je größer der Kapitalwert des Projekts **b** und kleiner **a** ist, desto mehr verdienen die Altaktionäre an der Emission/Investition. (Auswirkung eines niedrigen Wertes der vorhandenen Anlage auf die Attraktivität des Ausgabekurses K_0)	Je größer die Unterbewertung und je kleiner **b**, desto größer Wahrscheinlichkeit, dass auf eine Aktienemission verzichtet wird, weil in diesem Fall zu (inakzeptablem) Reichtumstransfer von den (passiven) Altaktionären zu den Neuaktionären führen würde.
Folge	**Negative Kursreaktion**	**Unterinvestition** Verwässerung des (Alt-) Aktienkapitals

Auf der anderen Seite soll überlegt werden, wann die Investoren bereit sind, neue Aktien zu zeichnen. Da sie dem Unternehmen im Emissions-/Investitionsfall den Betrag E zur Verfügung stellen, werden sie einen Mindestanteil von $E/(K_0 + E)$ am Unternehmen fordern. Bei der Kenntnis der Entscheidung zur Emission K_0 wird der Marktwert der Altaktien von den Investoren aufgrund der Erwartungswerte $\tilde{A}$ und $\tilde{B}$ unter der Bedingung, dass eine Aktienemission in Höhe von E erfolgen wird, wie folgt ermittelt[26]:

$$K_0 = L + \overline{A}(M_0) + \overline{B}(M_0) \qquad (6)$$

---

[25] Gebhard G., Entrup U. (1993), S.8.
[26] Vgl., Knuth M., (1996), S.301.

Für diesen Marktwert erfolgt die Emission aus der Sicht der Investoren zu einem fairen Kurs und sichert ihnen einen angemessenen Anteil am Unternehmen. Gleichung (6) stellt die zweite Gleichgewichtsbedingung des Modells dar.[27]

Auf dem Kapitalmarkt können zwei Gleichgewichte entstehen: *gepooltes Gleichgewicht* (wenn alle Unternehmen junge Aktien emittieren) und *separierendes Gleichgewicht* (wenn nur ein Teil von ihnen eine Aktienemission durchführt). Im gepoolten Gleichgewicht ist die Bekanntgabe einer Kapitalerhöhung weder ein gutes noch ein schlechtes Signal, so dass ein (positiver oder negativer) Ankündigungseffekt ausbleibt. Der durchschnittliche innere Wert emittierender Unternehmen wird in separierendem Gleichgewicht zwingend unter dem der Unternehmen liegen, die auf eine Aktienemission und damit eine Projektdurchführung verzichten. Der einheitliche Marktwert K_1 in t_0 ist ein gewogener Durchschnitt über alle inneren Unternehmenswerte für den Marktwert eines Unternehmens bei rationalen Erwartungen der Kapitalmarktteilnehmer. Daraus folgt sofort $K_0 < K_1$. Dieser zwingende Kursfall zum Ankündigungszeitpunkt wird als *Mayers/Majluf-Effekt* bezeichnet. In diesem Zusammenhang kann vom Phänomen der adversen Selektion (Akerlof, 1970) auf dem Aktienemissionsmarkt gesprochen werden.[28]

2.2.1.3 Beurteilung

Das Modell von Myers/Majluf liefert eine intuitive Begründung für das Auftreten negativer Ankündigungseffekte. Positive Ankündigungseffekte können nicht erklärt werden. Als entscheidende Ursache für diesen Mangel ist die Annahme nichtnegativer Kapitalwerte für das Projekt anzusehen. Wenn negative Kapitalwerte für das Projekt zugelassen werden, dann ist der Verzicht auf die Projektdurchführung und damit auf die Aktienemission nicht notwendigerweise Folge der Unterbewertung. Das kann durch die Existenz ungünstiger Projekte begründet werden.[29]

2.2.2 Ansatz von Jensen

Die Free Cash-Flow-Hypothese von Jensen (1986) geht vom möglichen Konflikt zwischen Kapitalgebern, insbesondere Eigenkapitalgebern und dem Management des Unternehmens

---

[27] Vgl., Knuth M. (1996), S.302.
[28] Vgl., Knuth M. (1996), S.302.
[29] Knuth M. (1996), S.302-303.

aus. Der Konflikt ergibt sich aus der Trennung von Eigentum und Kontrolle.[30] Manager des Unternehmens vertreten nicht notwendigerweise die Interessen der Aktionäre. Sie können eigene Interessen verfolgen.[31] Während die Aktionäre die Maximierung des Firmenwertes anstreben, liegt das Interesse der Manager in der Maximierung ihres eigenen Nutzens. Werden die Anstrengungen des Managers nicht durch eine Beteiligung honoriert, so können diese durch den Konsum von Werten den finanziellen Nachteil auszugleichen versuchen. Diese Werten („Perks") können beispielsweise teure Firmenwagen, luxuriöse Büros oder häufige Geschäftsreisen sein. Die Nutzung dieser Güter führt nicht zur Maximierung des Firmenwertes. Die Substitution der möglichen Investitionen durch den Konsum ist daher ineffizient. Darüber hinaus wurde von Jensen (1986) die These vom Free-CashFlow formuliert. Eine Erhöhung des Fremdkapitalanteils führt durch die laufenden Zahlungsverpflichtungen zu einer Reduzierung der verfügbaren liquiden Mittel, die dem Manager zum Konsum der oben beschriebenen Güter dienen können.[32]

Bei der Ankündigung einer Finanzierungsentscheidung wird vom Markt folglich geprüft, inwieweit das Unternehmen fähig ist, die Mittel rentabel zu verwenden.[33] Aus der Argumentation von Jensen folgen konkrete Aussagen über Kurseffekte bei Aktienemissionen. Finanzierungsmaßnahmen wie Dividendenzahlungen, Aktienrückkäufe, Aufnahme von Fremdkapital, Tilgung des Fremdkapitals durch Emissionserlös, die den „Free-CashFlow" reduzieren, führen zu positiven Kursreaktionen. Finanzierungsmaßnahmen wie Aktienemission, die den „Free-CashFlow" erhöhen, führen zu negativen Kursreaktionen.[34] Bei reiferen Unternehmen mit begrenzten Wachstumsmöglichkeiten im Vergleich zu jüngeren, stark wachsenden Unternehmen kann vermutet werden, dass die generierten Mittel zusätzlichen Free-Cashflow darstellen. In der Konsequenz ist eine stärkere negative Kursreaktion zu erwarten.[35] Die Vorratsemission (Aktienemission und Verwendung des Emissionserlöses zur Finanzierung kapitalwertpositiver Investitionen) führt dagegen zu einer Überrendite von null.[36]

2.2.3 Ansatz von Miller/Rock

---

[30] Thies, S. (2000), S.91.
[31] Vgl. Trautmann, S., *Ehrenberg O.* (1996), S.2-3.
[32] Vgl. Ramb F., (1998), S.8-9.
[33] Vgl., Thies, S., (2000), S.91.
[34] Vgl., Brakmann. H. (1993), S.87-88.
[35] Thies, S. (2000), S.91.
[36] Vgl., Brakmann. H. (1993), S.87-88.

Nach *Miller und Rock* (1985) hat das Management gegenüber den Investoren einen Informationsvorsprung im Hinblick auf die Abweichungen der laufenden Erträge von den erwarteten Werten.[37] Bei den Marktteilnehmern werden die Erwartungen über die Höhe der zukünftigen Nettodividende (Dividendenzahlungen minus Kapitalerhöhungen), die den Cash-Flow des Unternehmens widerspiegeln, gebildet.[38] Die unerwartete Begebung von Finanzierungstiteln ist nach Miller/Rock (1985) eine schlechte Nachricht. Eine unerwartete Dividendenkürzung und eine nicht vom Markt antizipierte Ausgabe von Finanzierungstiteln sind als ein negatives Signal über einen betrieblichen Netto-Cash Flow zu verstehen. Dieser Cash Flow fällt in diesen Fällen kleiner als erwartet aus. Die Kapitalmarktreaktion ist folglich vom Ausmaß der *unerwarteten* Finanzierung abhängig. Je höher die unerwartete Finanzierung ist, desto stärker negativ sollte die Kapitalmarktreaktion ausfallen. Der Typ des begebenen Finanzierungstitels und das Emissionsverfahren spielen kaum eine Rolle für die prognostizierte Kursreaktion.[39]

2.2.4 Ansatz von Ross

Ross (1977) geht davon aus, wo Kapitalstrukturveränderungen als Signale interpretiert werden. In seinem Modell ist das Management über die zu erwartenden künftigen Erträge besser informiert als die Fremdkapitalgeber. Manager profitieren, wenn die Aktien des Unternehmens am Kapitalmarkt höher bewertet werden. Aber, wenn das Unternehmen in den Konkurs geht, werden die Manager bestraft.[40] Dadurch hat das Management einen Anreiz, positive Informationen über das Unternehmen an die Investoren zu kommunizieren. Bei asymmetrisch verteilten Informationen unter den Investoren reicht die Ankündigung positiver Information nicht aus. Manager der „schlechten" Firmen können das auch behaupten. Eine mögliche Lösung wäre die positiven Informationen durch ein Signal (Veränderung des Verschuldungsgrades) zu kommunizieren. Solches Signal kann von „schlechten" Unternehmen nicht sanktions- und kostenlos dupliziert werden. Die Übermittlung des positiven Signals kann für sie so teuer sein, dass diese Übermittlung die Vorteile überwiegt. Zum Beispiel, Erhöhung des Verschuldungsgrades kann ein positives Signal sein. Nur das Management eines „guten" Unternehmens wird bereit sein, das eigene Unternehmen (und damit auch seine eigene Position) einem höheren Finanzierungsrisiko (z. B. mögliche Konkursrisiken durch unbedingte Zins- und Tilgungsverpflichtungen) auszusetzen.[41]

---

[37] Thies, S. (2000), S.89.
[38] Trautmann, S., Ehrenberg O. (1996), S.8.
[39] Gebhard G., Entrup U. (1993), S. 7-8.
[40] Vgl. Harris, M.,Raviv, A. (1991), S.311.
[41] Vgl. Drobetz, W., Pensa P., Wöhle C. (2004), S.18-19.

2.2.5 Ansatz von Leland/Pyle

Im Modell von *Leland/Pyle* (1977) sind die Manager gleichzeitig auch die Eigentümer des Unternehmens.[42] Die Grundidee ist die Folgende: Ein höherer Verschuldungsgrad erhöht die relative Beteiligungsquote des Managements am Eigenkapital. Durch die Bereitschaft des Managements, sich an einem Investitionsprojekt zu beteiligen sowie auf eine zusätzliche Risikodiversifikation zu verzichten, ergibt sich ein positives Signal für die Projektqualität.[43] Der Verkauf von Altaktien in der Emission und der Verzicht auf den Bezug junger Aktien durch Großaktionäre sind als negatives Signal zu werten.[44]

3 Empirische Überprüfung der Ankündigungseffekte anhand ausgewählter Kapitalmärkte

3.1 Amerikanischer Kapitalmarkt

Im Kapitel 3.1 werden vorwiegend die Daten der Untersuchung von Eckbo/Masulis (1986) verwendet. *Kapitalstrukturhypothesen* sind im Zusammenhang mit „Debt-for-Equity and Equity-for-Debt Exchange Offers" empirisch untersucht worden. Die deutlichen positiven (negativen) Kursreaktionen bei „Debt-for-Equity Echange Offers" („Equity for Debt Echange Ofeers") sind mit steuer-, konkurs- und agency-theoretischen Überlegungen sowie Vermögensverschiebungen zu vereinbaren (siehe Tabelle 2). Viele empirische Arbeiten kommen aber zu der Schlussfolgerung, dass die Kursreaktionen auf Informationseffekte im Zusammenhang mit der Veränderung der Kapitalstruktur zurückzuführen sind.[45] Masulis/Eckbo(1983) sind zum Beispiel der Meinung, dass die Kapitalstrukturhypothesen als alleinige Erklärung des Ankündigungseffektes nicht herangezogen werden können. Die Ankündigungseffekte können auch auf eine Änderung der ökonomischen Situation des Emittenten hinweisen. Diese Änderung impliziert, dass sich die Funktion des Verschuldungsgrades des Emittenten geändert hat.[46]

---

[42] Brakmann. H. (1993), S. 102-103.
[43] Vgl. Drobetz, W., Pensa P., Wöhle C. (2004), S.19.
[44] Thies, S. (2000), S.181.
[45] Thies, S. (2000), S.224.
[46] Eckbo B. E., Masulis R.W. (1995), S.1047.

Eckbo/Masulis (1986) untersuchten die Hypothese von Mayers/Majluf empirisch. Für freie Emissionen beobachten sie sowohl für industrielle Emittenten als auch für Public Utilities eindeutig signifikant negative Kursreaktionen. Bei den Bezugsrechtsemissionen mit einer Übernahmegarantie ist die Kursreaktion deutlich schwächer und nur schwach signifikant. Insignifikant positiv ist die Kursreaktion auf die Bezugsrechtsemissionen ohne Übernahmegarantie bei den Public Utilities (siehe Tabelle A2).[47] Die abnormalen Renditen von „Utilities" fallen gegenüber den abnormalen Renditen von Industrieunternehmen bei SEOs weniger negativ aus.[48] Auch die Kursreaktion auf die Ankündigung von SEOs mit Vorzugsaktien („Preferred Shares") fällt im Vergleich zu den SEOs mit Stammaktien deutlich weniger negativ aus. Diese Ergebnisse sind mit den Überlegungen von Mayers/Majluf konsistent (siehe Tabelle A3).[49]

Model von Ross impliziert, dass die Erhöhung des Verschuldungsgrades positive Information über den Unternehmenswert signalisiert und zu einem positiven Ankündigungseffekt führt. Die durchschnittliche Marktreaktion auf Echange-Offers-Ankündigungen ist konsistent mit dieser Aussage (Tabelle 2). Die nichtpositive Marktreaktion auf Public Offers von debt for cash ist mit der Aussage von Ross inkonsistent. Die empirischen Ergebnisse hinsichtlich der Signaling-Theorie sind folglich gemischt.[50]

Tabelle 2: Zweitägige abnormale Rendite auf Exchange Offers-Ankündigung in den USA (ECKBO/MASULIS 1995, S.1043)

Studie	Type of Offer	N	AR
Masulis (1980)	Exchange, common for preferred	30	-2,6***
Lease&Pinegar (1986)	Exchange, common for preferred	30	-1,5***
Masulis (1980)	Exchange, common stock for debt	20	-9,9***
Masulis (1980)	Exchange, preferred for common	9	8,3***
Lease&Pinegar (1986)	Exchange, preferred for common	15	8,1***
Masulis (1980)	Exchange, debt for common	52	14,0***

---

[47] Gebhard G., Entrup U. (1993), S.9.
[48] Vgl. Eckbo B. E., Masulis R.W. (1995), S.1049-1050.
[49] Thies, S. (2000), S.219.
[50] Vgl. Eckbo B. E., Masulis R.W. (1995), S.1047.

Ankündigung einer Aktienemission nach dem Modell von *Miller und Rock* signalisiert unerwarteten Mangel an liquiden Mitteln und führt zur Marktwertreduktion des Emittenten ungeachtet auf die Richtung der implizierten Änderung des Verschuldungsgrades. Die signifikant negative Marktreaktion auf Ankündigung einer Emission von Common Stock und Convertible Debt ist konsistent mit diesem Argument, während die insignifikante Marktreaktion auf Ankündigung von Straight Debt und Preferred Stock inkonsistent ist (siehe Tabellen A2 und A3). Model von Miller/Rock impliziert auch, dass ein Zusammenhang zwischen der Höhe des Emissionsvolumens als Schätzer für den unerwarteten Anteil der Emission und Kursreaktion besteht. Im Bezug auf die Ankündigung einer Eigenkapitalemission wurde dieses Argument durch die Studien von Masulis/Korwar (1986) und Eckbo/Masulis (1992) bestätigt. Aber das Argument bekam keine Unterstützung für die Ankündigung von Straight Debt Offers in der Studie von Eckbo (1986).[51]

Nach der Hypothese von Leland und Pyle (1977) hat eine Veränderung des Anteilsbesitzes des Managements/der Altaktionäre Einfluss auf den Unternehmenswert. Bei „Combination Offerings" beobachten Masulis und Korwar (1986) für eine Untergruppe von SEOs, bei denen der Verkauf von „Secondary Shares" durch Manager bekannt ist, die abnormale Rendite mit -4,6% in T [0,1]. Diese Rendite fällt deutlich negativer aus als die Ankündigungsrendite für die Vergleichsgruppe mit -2,2% (Tabelle 3).[52] Die negativen abnormalen Renditen bei der Ankündigung einer SEO stehen in Beziehung zum Umfang der Aktien, die von Insidern in Form von „Secondary Shares" verkauft werden. Größere Aktienanteile lösen stärkere negative Bewertungseffekte aus. Da sich gegenüber „Primary Offerings" ein relativ größerer Rückgang im Anteilsbesitz des Managements ergibt, sind die negativeren Kursreaktionen mit den Überlegungen von Jensen/Meckling (1976) und Leland/Pyle (1977) vereinbar. Wruck (1989) analysiert den Verkauf von Anteilen im Rahmen von Privatplatzierungen und zeigt, dass die Konzentration des Anteilsbesitzes ein wichtiger Einflussfaktor für die Kursreaktion ist. Er ermittelte für die Privatplatzierungen durchschnittliche positive Ankündigungseffekte in Höhe von 4,4% für T[-3,0]. Bei den untersuchten Privatplatzierungen handelt es sich in über 58% der Fälle nur um einen einzelnen Investor. Wruck (1998) sieht folglich die Konzentration von Eigentumsanteilen als geeignetes Mittel, um die asymmetrische Verteilung von Informationen zwischen Management und Aktionären zu reduzieren. Die Interessen der Manager werden in diesem Fall effizient auf die der Aktionäre ausgerichtet.[53]

---

[51] Vgl. Eckbo B. E., Masulis R.W. (1995), S.1048.
[52] Masulis, Korwar (1986), S.107.
[53] Vgl.Thies, S., (2000), S.216., 208.

Tabelle 3: Combination Primary-Secondary offerings of common stock in den USA
(ECKBO/MASULIS 1995, S.1043)

Studie	Jahr	Begebungsmethode	Verkauf durch Management	AR
Masulis&Korwar	1986	Firm Commitment	Nein	-2,2***
Korajczyk, Lucas&McDonald	1990	Firm Commitment	Ja	-4,6***

3.2 Deutscher Kapitalmarkt

SEOs werden in der BRD vorwiegend mit Bezugsrecht durchgeführt, sodass Untersuchungen für freie Emissionen fehlen. Die Untersuchungen von Brakmann (1993), Padberg (1995), Heiden (1997), Bollinger (1999) bestätigen, dass in der BRD die Ankündigung von Barkapitalerhöhungen mit signifikant positiven Kursreaktionen verbunden ist. Tabelle 4 fasst diese Ergebnisse zusammen.[54]

Tabelle 4: Kursreaktionen bei Bezugsrechtsemissionen in der BRD
(THIES 2000, S. 232)

Autor (Jahr)	AR	Periode	N	Intervall	Zusatz
Brakmann (1993)	1,1%***	1978-1988	126	T[-1,0]	I, StA
	2,4%***		47	T[-1,0]	I, StA, O
	0,4%**		79	T[-1,0]	I, StA, G
Padberg (1995)	1,1%***	1972-1991	479	T[-1,1]	I, B,V, StA
Heiden et al. (1997)	0,1% ^{NS}	1981-1990	190	T[-2,1]	I, B,V, StA, VzA
Bollinger (1999)	0,6%**	1980-1992	120	T[-1,0]	k. A.

I: Industrieunternehmen, B: Banken, V: Versicherungen, StA: Stammaktien, VzA: Vorzugsaktien, Ord. KE: Ordentliche Kapitalerhöhung, Gen. KE: Genehmigte Kapitalerhöhung

Die positiven Kursreaktionen stehen offenbar im Widerspruch zu den Beobachtungen für den amerikanischen Kapitalmarkt. Die Untersuchungen von Gebhard (1998) demonstrieren, dass Marktreaktionen auf Seasoned Equity Issue nicht homogen sind. Sie unterscheiden sich beträchtlich nicht nur über die Länder sondern auch innerhalb von Ländern. Gebhard (1998) nennt folgende Determinanten der positiven Kursreaktionen. Das sind Unterschiede in Emissionsverfahren und institutionelle Rahmenbedingungen der Finanzsysteme. In Deutschland sind die

---

[54] Vgl., Thies, S. (2000), S.231.

meisten Emissionen Bezugsrechtsemissionen. Im Zeitraum 1978 bis 1990 sind 689 Barkapitalerhöhungen durch die Ausgabe neuer Aktien stattgefunden, davon 612 (88,8%) mit und 77 (11,2%) ohne Bezugsrecht.[55] Bezugsrechtemissionen wurden dagegen zu der Ausnahme in den USA (siehe Abb.2).

Gebhard (1998) weist weiterhin auf die Zertifizierungsrolle der Universalbanken hin. Große Universalbanken, die am deutschen Kapitalmarkt dominieren, führen kritische Rezension der operativen und finanziellen Situation der zukünftigen Emittenten durch. Diese Rezension beruht sich häufig auf der nichtöffentlichen Information, die der Underwriter-Bank im Rahmen einer Hausbankbeziehung zur Verfügung steht. Folglich ist ein positiver Ankündigungseffekt auf SEOs als Ergebnis des Screening-Prozesses zu beobachten. Solche Charakteristik des Emissionsverfahrens ähnelt sich der Charakteristika von Privatplatzierungen in den USA, wo signifikant positive Renditen beobachtet wurden. Ein weiterer Aspekt der Kapitalmarktreaktion ist Corporate Govenance und Anteilsbesitzstruktur. Ein weit verstreuter Anteilsbesitz ist häufig die Regel in den Vereinigten Staaten und Ausnahme im kontinentalen Europa. Viele deutsche Unternehmen haben eine hohe Anteilsbesitzstrukturkonzentration. Große Anteile werden durch Familien oder durch einflussreiche Blockholders wie Banken oder Investorengruppen gehalten. Ankündigung einer Aktienemission durch solche Unternehmen hat positive Marktreaktion zur Folge. Sowohl in Deutschland als auch in den Vereinigten Staaten haben Unternehmen mit den weit gestreuten Besitzanteilen häufig eine negative Marktreaktion. Ankündigungseffekte bei insiderkontrollierten Unternehmen im Vergleich zu managerkontrollierten Unternehmen haben stark signifikante positive Ankündigungsrendite (siehe Tabelle 5).[56]

Tabelle 5 : Abnormale Renditen bei deutschen Unternehmen mit unterschiedlichen Kontrollstrukturen
(GEBHARD G. (2001), S.39)

Typ der Kontrollstruktur	Streubesitzanteil	Intervall	AR	N
Familienkontrollierte Unternehmen	>50% (Familie)	T[0,1]	1,73%***	51
Managerkontrollierte Unternehmen	>75% (Shrareholder)	T[0,1]	-0,71%***	31
Finanzinstitutionskontrollierte Unternehmen	25-50% (FI)	T[0,1]	0,98%***	24

---

[55] Brakmann. H., (1993), S.2.
[56] Vgl. Gebhard, G.(2001), S.1-19.

3.3 Britischer Kapitalmarkt

Am *britischen* Kapitalmarkt sind Bezugsrechtsemissionen üblich.[57] Marsh (1979) berichtete eine positive abnormale Rendite von 2,1% auf die Ankündigung einer Bezugsrechtsemission im Zeitraum 1962-1975. Im Zeitraum 1989-1991 ermittelten Burton/Lonie/Power (1998) eine negative hoch signifikante Durchschnittsrendite in Höhe von -8% auf die Ankündigung einer Bezugsrechtsemission und eine nicht signifikante Durchschnittsrendite -1% auf die Ankündigung einer freien Emissionen. Dieses Ergebnis veranschaulicht deutlich, dass der Kapitalmarkt sowohl auf die Ankündigung einer Aktienemission als auch auf die Begebungsmethode reagiert. Burton/Lonie/Power kommen zur Schlussfolgerung, dass die Markreaktion nur auf die Ankündigung einer Bezugsrechtsemission negativ ist, während Ankündigung einer Privatplatzierung oder Open Offers zu keinen Aktienpreisänderungen führt.Dieses Ergebnis scheint mit der theoretischen Analyse von Mayers/Majluf inkonsistent zu sein.[58]

Rights und Open Offers sind in Großbritannien fast immer mit Übernahmegarantie (underwritten). Ausnahme sind kleine Unternehmen und Unternehmen mit Finanzschwierigkeiten. Renneboog und Korteweg (2003) berichten, dass die Underwriten Rights Offers mit negativer abnormaler Ankündigungsrendite von -2,3% begleitet werden, wohingegen Underwritten Open Offers mit positiven Ankündigungsrenditen von 2,8% verbunden sind. Der Ankündigungseffekt auf Non-Underwriten Equity Offer löst eine stark negative Ankündigungsreaktion im Vergleich zu Underwriten aus. Das bestätigt, dass der Underwritting-Prozess eine Zertifizierungsrolle erfüllt.[59]

Renneboog und Korteweg (2003) fanden heraus, dass Senkung der Anteilsbesitzkonzentration, Verwendung des Emissionserlöses für Acquisitionen und Fremdkapitalreduktion, Emissionsvolumen, großer Vermögenstransfer/Welth-transfer (Reichtumstransfer) und bessere Wachstumsmöglichkeiten, der Großteil der positiven Aktienpreisreaktion erklären. Finanzschwierigkeiten, geringere Wachstumsmöglichkeiten, höher Preisnachlass (price discount) haben ein negativer Ankündigungseffekt zur Folge.[60] Die positive Reaktion auf die Fremdkapitalreduktion ist mit Ansatz von Maers und Majluf (1984) inkonsistent. Verminderung des Verschuldungsgrades signalisiert nach Ross (1977) einen niedrigen Unternehmenswert. Dennoch kann die positive

---

[57] Armitage S. (1998), S.29.
[58] Vgl. Burton B. M.(1999), S.459-460.
[59] Vgl. Korteweg A., Renneboog, L. (2003), S.24.
[60] Vgl. Korteweg A., Renneboog, L. (2003), S.25.

Ankündigungsreaktion durch das Besteuerungssystem des Vereinigten Königreichs veranlasst werden.[61]

3.4 Weitere Kapitalmärkte

Kapitel 3.4 gibt die Ergebnisse der Untersuchungen von Korteweg/Renneboog wieder. Public Issues in den USA, Neuseeland, Niederlanden und Schweden lösen signifikant negative Kursreaktionen aus. Private Platzierungen von Seasoned Equity Issue (SEI) lösen in diesen Ländern positive abnormale Ankündigungsrendite aus (siehe Tabelle A5). Positive Ankündigungseffekte auf Aktienemission werden für Finnland, Griechenland, Japan und Korea registriert. Diese Ergebnisse sind mit den Signaling-Hypothesen inkonsistent. Die Unterschiede in Ankündigungseffekten in diesen Ländern können mehrere Gründe haben. *Erstens* können verschiedene Typen von Unternehmen an der Börse gelistet werden. *Zweitens* unterscheiden sich Institutionen und die Größe von Kapitalmärkten. Kleine Finanzmärkte wie Finnland, Griechenland, Korea, Neuseeland und Schweden sind weniger liquider und haben kleinere Preiselastizität der Finanzanlagen. *Drittens* können nicht alle Typen von Begebungsmethoden in jedem Land verwendet werden. Z. B. in Norwegen und Neuseeland ist die Bezugsrechtsemission die einzigste verfügbare Methode der Kapitalerhöhung. In Griechenland, Schweden und Schweiz sind freie Emissionen selten, üblich sind Bezugsrechtsemissionen. *Viertens* können Besteuerungs- und Regulierungsunterschiede in den Ländern für die verschiedenen Kursreaktionen verantwortlich sein. Z.B. in der Schweiz liegen keine rechtlichen Beschränkungen auf Insidergeschäfte vor, sodass Informationsasymmetrien zwischen dem Management und Kapitalanleger relativ kurzlebig sein können. In Griechenland existieren lockere Finanzberichterstellungsrichtlinien für die Emittenten bei der Neubewertung des Unternehmenswertes.[62] *Fünftes* bestehen Unterschiede in der Corporate Governance Sturturen. Die empirischen Ergebnisse nach Cai/Loughran (Japan) sind mit der Agency-Hypothese inkonsistent. Im Vergleich zu amerikanischen Unternehmen sind japanische Unternehmen durch ein höheres Niveau des Anteilbesitzes charakterisiert. Große Anteile werden durch Finanzinstitute (28%) und andere große „stabile" Aktionäre (3% bei Direktoren und 45% bei top-10 Eigentümer) gehalten. Dessen Eigentumsposition ist häufig durch die Geschäftsbeziehungen motiviert. Diese Eigentümerstruktur erlaubt potenziell japanischen Unternehmen die Anreize und Prob-

---

[61] Vgl. Korteweg A., Renneboog, L. (2003), S.22.
[62] Vgl. Korteweg A., Renneboog, L. (2003),, S.6.

leme der asymmetrischen Information zu verhindern, die typisch für amerikanische Unternehmen sind.[63]

4 Fazit

Die Arbeit beschäftigte sich mit der Frage, zu welchen Kursreaktionen die Kapitalerhöhung gegen Bareinlagen kommt und wie sie zu erklären sind. Im Kapitel 1 wurde deshalb auf die rechtlichen Rahmen der Kapitalerhöhung in Deutschland sowie in den USA eingegangen. Zusammenfassend kann man festhalten, dass die Formen und Durchführung der Kapitalerhöhung gegen Bareinlagen von dem länderspezifischen Unternehmens- und Börsenrecht abhängig sind. Weiterhin wurden die theoretischen Ansätze zur Erklärung der Kursreaktion wie Kapitalstruktur- und Informationshypothesen behandelt. Der Ausgangspunkt der finanzierungstheoretischen Analyse ist der vollkommene Kapitalmarkt. Deshalb wurde zuerst auf die Irrelevanztheoreme zur Kapitalstruktur eingegangen. Da der Kapitalmarkt in der Realität Unvollkommenheit aufweist, wurden in der Finanzliteratur verschiedene Informationshypothesen entwickelt. Die Bedeutung der Informationseffekte, die aus dem Mayers/Majluf-Ansatz abgeleitet wird, stellt die Basis für die Betrachtung der spezifischen Informationseffekte und Erklärungsansätze bei einzelnen Finanzierungsinstrumenten dar. Abschließend wurde die Wirksamkeit der vorgestellten Erklärungsansätze anhand der verschiedenen Studien überprüft. Viele empirische Studien zeigen, dass für die Kurseffekte vornehmlich Informationshypothesen empirisch relevant sind. Kapitalstrukturhypothesen können als alleinige Erklärung der Ankündigungseffekte nicht herangezogen werden.

Insgesamt zeigt sich, dass die Ergebnisse über die Kapitalmarktreaktion auf die Eigenkapitalemission in den USA nicht einfach auf weitere Kapitalmärkte übertragen werden können. Die institutionellen Unterschiede geben Anlass zu der Vermutung, dass das Ausmaß und die Richtung der Kursreaktionen in verschiedenen Ländern deutlich abweichen können. Offenbar sind die Kursreaktionen und deren Erklärungen auch durch abweichende institutionelle Rahmenbedingungen zu begründen.

---

[63] Cai, T., Loughran, T. (1998), S. 421.

Anhang I
Emissionen je Emissionsform in den USA zwischen 1950-1981

Tabelle A1: Emissionen je Emissionsform in den USA zwischen 1950-1981 (ECKBO/MASULIS 1995, S.1029)

Jahr	Emissionsform		
	Firm Commitment	Stand By	Rights
1950	35	31	18
1955	44	56	13
1965	5	9	6
1970	36	10	3
1975	79	8	1
1980	157	2	3
1981	149	1	2

Anhang II
Abnormale Renditen auf Ankündigung der Barkapitalerhöhungen
Tabelle A2: Common Stock

(ECKBO/MASULIS 1995, S.1042)

Studie	Periode	Typ des Emittenten	N	2-tägige AR (in%)			
				Public Offer			Private Offer
				Rights Offer		Cash Offer	
				Standby Rights	Rights	Firm Commitment	
Asquith&Mullins	1963-1981	Industrial	128			-3,1**	
Masulis&Korwar	1963-1980	Industrial	388			-3,3**	
Eckbo&Hess	1963-1978	Industrial	95			-4,3**	
Asquith&Mullins	1986	Utility	264			-0,9**	
Masulis&Korwar	1986	Utility	584			-0,7**	
Bhaghat&Frost	1986	Utility	201			-1,0**	
Eckbo&Hess	1992	Utility	646			-0,8**	
Hansen	1963-1985	Industrial	22	-2,6**			
Eckbo&Masulisr	1992	Industrial	41	-1,0**			
Hansen	1989	Utility	80	-2,3**			
Eckbo&Masulisr	1992	Utility	87	-0,5**			
Eckbo&Masulisr	1992	Industrial	26		-1,4**		
Eckbo&Masulisr	1992	Utility	27		0,2**		
Wruck (1989)	1979-1985	Industrial ??	99				1,9***
Hertzel and Smith (1993)	1980-1987	Industrial??					1,72**

Tabelle A3 : Preferred Stock

(ECKBO/MASULIS 1995, S.1042)

Studie	Periode	Typ des Emittenten	N	2-tägige AR (in%)			
				Public Offer			Private Offer
				Rights Offer		Cash Offer	
				Standby Rights	Rights	Firm Commitment	
Linn&Pinegar	1962-1984	Industrial	14			-1,295***	
Mikkelson&Partch	1986	Industrial	14			-0,26***	
Linn&Pinegar	1962-1984	Utility	249			0,1***	

Tabelle A4: Primary Issues of Seasoned common stock, nonstandard flotation methods (ECKBO/MASULIS 1995, S.1043)

Studie	Flotation method/Type of offer	N	AR
Bhagat,Marr&Thompson (1985)	Shelf Registration	83	-1,2**
Denis (1991)	Shelf Registration	343	-2,6**
Wruck (1989)	Private Placement	99	1,9***

Tabelle A5: Abnormale Renditen auf Ankündigung der Barkapitalerhöhungen
(KORTEWEG, RENNEBOOG (2003), S.30)

Land	Autor, Datum	Zeitraum	2-tägige AR (in%)					Intervall
			Rights Issues			Public Issues	Private Issues	
			Not Und	Underwritten	All			
UK	Marsh (1979)	1962-1975			2,10**			Monat
	Armitage (199)	1985-1996			-0,93***			T[-1,0]
	Slovin et al. (2002)	1986-1994	-4,96***	-2,90***			1,22	T[-1,0]
	Korteweg & Renneboog (2003)	1992-1999		-2,3**		2,8***	1,004	T[-1,0]
USA	Asquith and Mullins (1986)	1963-1981				-2,70***		
	Masulis and Korwar (1986)	1963-1980				-3,25***		
	Mikkelsaon and Parth (1986)	1972-1982				-3,56***		
	Hansen (1988)	1964-1986		-1,21***				
	Wruck 1989)	1979-1985					1,89*	
	Eckbo und Masulis (1992)	1963-1981	-1,39	-1,03**		-3,34***		
	Hertzel und Smith (1993)	1980-1987					-1,72**	T[-3,0]
New Zeland	Molin (1996)	1976-1994	0,75**	-1,74***	-1,01***			T[0,+1]
Netherlands	De Jong and Veld (1998)	1977-1996	-1,46			-0,41	-0,52	T[-1,+1]
	Koevoets (1999)	1983-1998			-3,83***	0,63		T[-1,0]
Sweden	Molin (1996)	1980-1994			-0,89		3,21*	T[-1,+1]
Finland	Hitela and Loyttyniemi (1991)	1975-1988			4,15***			T[-1,+1]
Greece	Tsangarakis (1996)	1981-1990	3,97***					T[-1,0]
Japan	Kang und Stulz (1996)	1985-1991			2,21***	0,51*	3,88***	T[-1,0]
Korea	Kang (1990)	1984-1987			0,96			T[-1,0], Signifikanz unbekannt
	Kim and Lee (1990)	1984-1986			3,20			Monat, Signifikanz unbekannt
	Dhat et all (1996)	1977-1991			2,41***			Monat
Norway	Bohren et al. (1997)	1980-1993	1,55***	-0,23	0,47**			T[-1,0]
Switzerland	Loderer and Zimmermann (1988)	1973-1983			2,60			Monat

LITERATURVEZEICHNIS

ARMITAGE S.: Seasoned Equity offers and rights issues: a review of the evidence, in: The European Journal of Finance (1998) 4, S.29-59.

BRAKMANN. H.: Aktienemissionen und Kurseffekte, Wiesbaden : Dt. Univ.-Verl., 1993.

BURTON B. M.: Does the issue method influence the market reaction to seasoned equity offer announcements?, in: Applied Economics Letters (1999) Vol.6, S.459-461.

CAI T., LOUGHRAN T.: The performance of Japanese seasoned equity offerings 1971-1992, in: Pacific-Basin Finance Journal (1998) 6, S. 395-425.

ECKBO B. E., MASULIS R.W.: Seasoned Equity Offerings: A Survey, in: R. Jarrow, Handbooks in OR & MS (1995) Vol.9, S.1017-1068.

ECKBO B. E., MASULIS R.W.: Adverse Selection and the Rights Offer Paradox, in: Journal of Financial Economics (1992) Vol.32, Issue 3, S.293-332.

GEBHARD G. : Announcement effects of Financing Decisions by German Companies: Synthesis of an Empirical research Program, in: Schmalenbach Business Review (2002) Special Issue, S.107-134.

GEBHARD G., ENTRUP U. :Kapitalmarktreaktionen auf die Ausgabe von Optionsanleihen, in: Zeitschrift für betriebswirtschaftliche Forschung (1993) Sonderheft, S.1-33.

HARRIS, M., RAVIV A.: The Theory of Capital Structure, in: The Journal of Finance (1991) Vol. 46, Issue 1, S. 297-355.

HERFS A. : Bezugsrechtsemissionen, in Unternehmensfinanzierung am Kapitalmarkt, hrsg. Habersack/Mülberet/Schlitt, Köln: Verlag Dr. Otto Schmidt KG 2005.

KNUTH M.: Ankündigungseffekte von Aktienemissionen: Der Mayers/Majluf-Effekt, in: WiSt (1996) Heft 6, S.299-303.

KRAUSE R. : Kapitalerhöhungen mit Bezugsrechtsausschluss, in Unternehmensfinanzierung am Kapitalmarkt, hrsg. Habersack / Mülberet / Schlitt, Köln: Verlag Dr. Otto Schmidt KG 2005.

MASULIS R. W., KORWAR A. N.: Seasoned Equity Offerings, in: Journal of Financial Economics (1986) 15, S. 91-118.

PRÜHER M.: Optimales Timing von Barkapitalerhöhungen bei asymmetrischer Informationsverteilung, Berlin : Duncker & Humblot, 2000.

o. V. Cech C.: SEOs in transition economies, Wien 2003, in Internet:
http://members.telering.at/chcech/seo/cech2003.pdf
zugegriffen am 20.10.2005

o. V.: DROBETZ W., PENSA P., WÖHLE C.: Kapitalstrukturpolitik in Theorie und Praxis: Ergebnisse einer Fragebogenuntersuchung, Basel 2004, in Internet:
http://www.wwz.unibas.ch/cofi/publications/papers/2004/05-04.pdf
zugegriffen am 15.10.2005

o. V.: GEBHARD G.: Determinants of Capital Market Reactions to Seasoned Equity Offers by German Corporations, Frankfurt am Mein 2001, in Internet:
http://publikationen.ub.uni-frankfurt.de/volltexte/2005/1837/
zugegriffen am 15.10.2005

o. V.: RAMB F.: Finanzierungsstrukturen im Vergleich – Eine Analyse europäischer Unternehmen, Mannheim 1998, in Internet:
http://bibserv7.bib.uni-mannheim.de/madoc/volltexte/2004/670/pdf/dp9817.pdf
zugegriffen am 15.10.2005

o. V.: Korteweg A., Renneboog, L.: The choice between rights-preserving issue methods, 2003, in Internet:
http://greywww.kub.nl:2080/greyfiles/center/2002/doc/93.pdf
zugegriffen am 05.11.2005

o.V.:
TRAUTMANN S., EHRENBERG O.: Ankündigungseffekte von Barkapitalerhöhungen deutscher Aktiengesellschaften im Zeitraum von 1973 bis 1994, Mainz 1996, in, Internet: www.finance.uni-mainz.de/Dateien/ankuend.doc zugegriffen am 15.10.2005

SCHIPPOREIT E.: Externe Eigenfinanzierung bei Kapitalgesellschaften, in: Handbuch Finanzierung, hrsg. Breuer Rolf-E., 3. Auflage, Wiesbaden: Gabler, 2001.

THIES S.: Finanzierungsentscheidungen, Informationseffekte und Long-Run-Performamce am deutschen Kapitalmarkt, 1. Auflage, Wiesbaden : Gabler 2000.

WERLEN T. : Aspekte der US-amerikanischen Securities Lows, hrsg. Breuer Rolf-E., 3. Auflage, Wiesbaden: Gabler, 2001.

QUELLENVERZEICHNIS

AktG …………………………………………………..unter www.aktiengesetz.de